27
Ln 1505.

RÉPONSE
DE M. NAUDET,
COMÉDIEN DU ROI,

Aux injures répandues contre lui dans différens journaux.

RÉPONSE

DE M. NAUDET,

COMÉDIEN DU ROI,

Aux injures répandues contre lui dans différens journaux.

DEPUIS sept ans je suis à la comédie françoise, où j'ai joui de l'indulgence du public, & j'ose le dire, de l'estime & de l'amitié de mes camarades.

A l'époque de la révolution, le 13 juillet, effrayé par les rumeurs répandues dans Paris, & partageant les alarmes de mes concitoyens, je me rendis à mon district, pour partager aussi leurs dangers & leurs travaux : on me chargea de commander un poste, je l'acceptai par zèle. Mon poste étoit au théâtre françois.

Je me trouvois à la tête de 43 personnes, & les comédiens étoient du nombre. On se retrancha dans un lieu qu'on croyoit devoir être un de ceux par lequel les troupes entreroient. Je dirigeai cet ouvrage. Saint-Prix apporta du plomb & j'en fis 2000 balles. M. Dugazon fournit un baril de poudre, je préparai des cartouches. Les Parisiens

A

montroient un grand courage ; je l'augmentai, s'il étoit possible, en élevant la confiance ; & je puis dire que le poste que nous défendions auroit été disputé. Je ne demande pas grace pour ces détails ; car je ne fais ici que l'éloge de mes concitoyens.

Un faux bruit (la ville en étoit remplie) nous annonça l'entrée des troupes ; je reçus l'ordre de porter mes forces au quartier général & j'y volai. *Voici les hussards*, fut le cri d'alarme qui remua tout Paris. Quelques hommes timides se précipitèrent dans les maisons. L'alerte étoit fausse, on les rappela : leur projet, à ce qu'ils assurèrent, étoit de tirer par les fenêtres. Saint-Prix, qui les recherchoit, trouva M. Talma dans un grenier, & le ramena. Je raconte les faits tels qu'ils se sont passés.

Je gardai mon poste cinq jours & cinq nuits ; je n'y vis jamais M. Talma.

Le cinquième jour on fit un régiment dans le district, & je fus nommé colonel, M. Dugazon capitaine : pendant sept semaines qu'a duré ce régiment provisoire, M. Dugazon a fait son devoir avec la plus grande exactitude. M. Talma ne fit aucun service, & depuis quatorze mois il n'a pas monté quatre gardes.

Au mois d'octobre, la disette se faisoit sentir dans Paris. Je fus envoyé sur la route de Dourdan avec vingt-six citoyens zélés que j'eus l'honneur de commander ; nous parcourûmes tous les environs ; nous fouillâmes toutes les fermes, tous les magasins, & nous ramenâmes quarante voitures de farine. Trop payé de mes efforts par leur succès, j'en reçus encore une flatteuse récompense dans l'arrêté le plus honorable que la commune daigna prendre en ma faveur, lorsque je lui rendis compte de mes opérations.

J'ai prêté le serment de maintenir la constitution, d'être fidèle à la nation, à la loi, au roi ; j'ai tenu mon serment, & je le tiendrai toujours.

Je me fais gloire d'appartenir à la société qui s'est empressée d'élever le premier monument à la constitution. Nous avons fait graver sur l'airain le serment immortel prêté par l'assemblé nationale dans le jeu de paume de Versailles, quand les mesures de l'autorité suspendirent ses délibérations.

Je suis honoré du grade de capitaine de grenadiers. J'en remplis les devoirs avec exactitude, avec reconnoissance. Je ne dois pas moins à la généreuse équité de ma nation qui nous a rétablis dans les droits de citoyens, qui nous a vengés du long avilissement où nous tenoit un opiniâtre & barbare préjugé.

Cependant, c'est depuis que je jouis de ce bienfait inestimable, que la calomnie m'a porté d'horribles coups. L'eſtime que quarante ans de probité m'ont acquiſe, je ſuis prêt à la perdre, & trois mois ont ſuffi pour me l'enlever. Les termes d'*aſſaſſin*, de *ſpadaſſin*, de *coupe-jarret*, &c. voilà les injures qui me ſont prodiguées par des journaliſtes effrénés, qui, ſous le maſque du patriotiſme, ſe livrent impunément à tout ce que la licence de la preſſe autoriſe. Il eſt tems d'éclairer, ſur ce qui me regarde, cette précieuſe partie du public qui veut connoître pour juger.

M. Cheſnier fit jouer ſa tragédie de Chales IX. La comédie ne négligea rien pour contribuer à ſon ſuccès. Le talent de M. Talma mérita de juſtes applaudiſſemens dans le rôle de Charles IX.

L'auteur & l'acteur principal s'exagérant probablement leurs droits, annoncèrent à la comédie des prétentions dont le deſpotiſme s'eſt accru de jour en jour : ils en vinrent même juſqu'à dédaigner les ménagemens de la ſimple politeſſe.

Les comédiens oppoſèrent à des procédés conſtament injurieux, une patience exceſſive ; ils attendoient l'organiſation de la municipalité, comme l'époque à laquelle M. Talma ſeroit contraint de reconnoître des loix & de rentrer dans ſes devoirs, joug importun dont il s'étoit affranchi : car cet acteur refuſoit les rôles de ſon emploi, maltraitoit ſes camarades, affectoit des hauteurs inſultantes, &c. En ma qualité de femainier, j'étois en droit de lui reprocher fon inexactitude; il reçut durement des confeils dont l'expreffion n'étoit peut-être pas mefurée; fa conduite foutenue, provocante, impunie, me rendoit peut-être la modération difficile.

Le lendemain, étant forti du matin pour affaires, je rencontrai M. Talma avec MM. Chefvtel, lieutenant de chaffeurs, Dugazon & Baron, grenadier, filleul de ce dernier; M. Talma me joignit, & nous eûmes, en préfence de ces meffieurs, une converfation fur ce qui s'étoit paffé la veille. Je dois rappeler à M. Talma, puifqu'il paroît l'avoir oublié, qu'il fembla alors fi fatisfait & même fi touché de l'explication que je lui donnai, qu'il me demanda mon amitié, me promit la fienne & m'affura de fa reconnoiffance. J'invoque à cet égard, fans crainte d'être démenti, fon propre témoignage & celui des perfonnes qui l'accompagnoient.

Le lecteur jugera fi ma conduite eft celle d'un malhonnête homme & d'un fpadaffin. On me pardonnera de répéter cette injure, elle eft fur mon cœur, elle y refte avec amertume.

Les torts de M. Talma furent effacés tous; il fembla même jaloux de les réparer.

Cependant les tracasseries recommencèrent : M. Chesnier en étoit le moteur, & M. Talma suivoit ses inspirations scrupuleusement.

Le moment de la fédération arriva. M. Chesnier & M. Talma voulurent que cette solemnité ne fût pas inutile à leur gloire ; ils furent sourds à toutes les considérations, même aux plus délicates. La comédie ne refusoit pourtant pas ; elle balançoit : on prit le parti de lui faire ordonner, par des cris impérieux, de jouer Charles IX. Le vœu du public une fois manifesté suffisoit ; mais il fallut punir la comédie de sa prudence, & les clameurs dirigées par le parti de ces deux messieurs, furent accompagnées d'injures & d'imputations d'aristocratie.

Au nom de mes camarades, j'annonçai que madame Vestris, malade, n'avoit pu jouer le rôle de Médicis, & que M. de Saint-Prix avoit un érésipèle à la jambe. M. Talma s'avança sur la scène, & dit que cette actrice, quoiqu'indisposée, feroit un effort afin de témoigner son respect pour le public & pour MM. les Fédérés, & qu'en lisant le rôle de cardinal, la représentation auroit lieu.

Cette démarche, plus qu'inconsidérée, fit croire au public que j'en imposois, & pourtant.

Madame Vestris avoit écrit à la comédie qu'elle

étoit malade ; M. Talma seul étoit dans le secret de sa convalescence. Et quant à M. Saint-Prix, le sieur Talma s'étoit assuré lui-même de l'érésipèle qui lui couvroit la jambe, puisqu'il en avoit constaté la vérité par ses propres yeux.

Je donne ma parole d'honneur que tous ces faits sont fidèles, & que ma société les attestera.

J'ose demander à présent si j'ai trompé le public, & si la comédie, dont j'étois l'organe, en a pareillement eu l'intention.

La comédie, justement choquée de voir M. Talma séparer avidemment ses intérêts des siens, crut devoir prendre, contre lui, l'arrêté qu'elle ne communiqueroit plus avec lui, qu'une autorité légale n'en décidât autrement, son intérêt réservé.

Cet arrêté blessoit ou ne blessoit pas M. Talma. S'il le blessoit, il devoit se pourvoir devant les tribunaux, & le jugement intervenu sur sa réclamation auroit fait la loi ; M. Talma n'avoit pas plus de droits pour forcer la comédie de jouer avec lui, que la comédie n'en avoit pour le forcer de jouer avec elle.

M. Talma, trop peu sûr des voies juridiques, a préféré les cabales, les intrigues, les libelles ; il a mieux aimé salir les journaux d'invectives contre sa société, pour persuader au public que c'étoit par un principe d'infubordination & d'ariftocratie que les comédiens agiffoient.

J'invoquerai, contre les affertions des journaliftes, un témoignage plus impofant, celui des hommes qu'ils ont calomniés pour me nuire, celui des dignes appuis de la conftitution.

« Pardonnerez-vous au fieur Naudet, dit M. de Boiffy, dans une brochure intitulée : *Confidérations importantes fur ce qui fe paffe au prétendu théâtre de la nation*, pardonnerez-vous au fieur Naudet, le plus implacable de fes ennemis, la manière, froidement audacieufe, dont il ofe vous haranguer; fon fourire prefque moqueur, & l'abus qu'il fait des grenadiers qu'il a l'honneur de commander, en fe fervant d'eux pour impofer filence à ceux d'entre vous qui voudroient le ramener au refpect qu'il vous doit? . . . .
. . . .
Songez que fi chaque acteur avoit à fes ordres, comme le fieur Naudet, une compagnie de grenadiers, vous feriez forcés de trouver Florence même excellent.

» M. Camille Defmoulins, auteur des Révolutions de France & de Brabant, N°. 39.

» Ce quidam, c'étoit Naudet, qui, depuis qu'il eft capitaine de grenadiers, va gênant la liberté du théâtre.

» Cette phrase est répétée dans la Chronique ».

Désaveu des inculpations faites aux grenadiers du bataillon, dit des Cordeliers, & au sieur Naudet leur capitaine.

« La compagnie de grenadiers du troisième bataillon, seconde division de la garde nationale parisienne, sur le rapport fait par un de ses membres, que plusieurs journalistes & autres écrivains, mal informés, ont répandu dans le public, par la voie de leurs feuilles, diverses inculpations, tendantes à déshonorer, si elles étoient fondées, ladite compagnie, & le sieur Naudet leur capitaine ;

» Voulant ladite compagnie désabuser sur ces faits les écrivains ci-dessus nommés, & principalement le public : déclare, qu'ayant été dans les premiers jours de la révolution témoin du patriotisme, & de la capacité militaire du sieur Naudet, qualités qui lui ont valu d'abord le grade de colonel provisoire du bataillon, & ensuite les suffrages unanimes de la compagnie pour le grade de capitaine, elle n'a eu depuis cette époque qu'à se féliciter de son choix. Que le sieur Naudet n'a jamais disposé des membres qui la composent, pour le service du théâtre françois ; qu'assez éclairé sur ses devoirs pour ne pas se prêter à un ministère indigne de la garde nationale, elle est & sera toujours éloignée de favoriser des vues particulières, qui pourroient gêner la liberté publique; que si elle a été appelée au théâtre françois dans des momens d'inquiétude, ce n'a jamais été par les ordres du sieur Naudet, qui, dans ce service, s'est abstenu, par délicatesse, de toute espèce de commandement, mais par les ordres immédiats de M. le commandant-général, & autres officiers supérieurs, communiqués à la compagnie par M. le commandant du bataillon, & qui comprenoient également plusieurs compagnies de grenadiers, chasseurs & autres, tant du bataillon des Cordeliers, que des bataillons circonvoisins; & qu'enfin elle ne s'est portée au théâtre françois que dans la vue d'y maintenir le calme, & d'y prévenir le désordre, comme elle se portera par-tout ailleurs, où ses chefs croiront sa présence nécessaire pour le même objet. *Signés*, RENKIN & BERNARD.

La compagnie a nommé pour commissaires MM. Renkin, Roch du Louvel & Bernard, à l'effet d'inviter, en son nom, MM. les journalistes ci-dessus nommés, à insérer dans leur plus prochain numéro la présente déclaration.

Il est donc bien constant, d'après ce désaveu, que *je n'ai jamais gêné la liberté du théâtre*; que *je n'ai jamais abusé des grenadiers que j'ai l'honneur de commander; que je ne le dois, cet honneur, qu'à mon zèle, à ma franchise, à ma loyauté,* plus encore au patriotisme, dont je n'ai cessé de donner des preuves.

MM. les journalistes disent encore que je frappe sans cesse MM. Chesnier & Talma. Ces deux messieurs s'en défendent chacun de leur côté, par une lettre insérée dans la Chronique; notez qu'en me disculpant de cette accusation, ils ne me traitent pas moins d'*assassin*, de *spadassin*, de l'un des noirs de la comédie françoise.

J'ai déjà fait connoître ma conduite avec M. Talma dans une occasion importante. Il se dit armé de pistolets pour prévenir mes attaques; il me connoît assez, s'il étoit de bonne foi, pour être convaincu de l'inutilité de cette précaution. Il n'a l'air de la prendre, que pour appeler l'intérêt sur des jours précieux & menacés. Mais, qu'il soit tranquille! & qui pourroit en vouloir à M. Talma? S'il est égaré, c'est par des impulsions étrangères : il est l'agent, le *Séide* de M. Chesnier; il seroit paisible et nul s'il obéissoit à son caractère.

C'est ce que je n'ai pu dissimuler à M. Chesnier lui-même, comme on va voir.

Le 3 Août, je causois, avec un de mes amis, de la situation douloureuse de la comédie françoise (je demeure à l'entresol, rue du théâtre françois); M. Chesnier passa. je disois à mon ami que c'étoit l'auteur de Charles IX qui conduisoit toute cette cabale, que Talma n'étoit que le prétexte. M. Chesnier s'arrêta sous ma fénêtre,

& me 1 la : oui, lui dis-je, c'est vous, vous M. Chesnier, qui perdez la comédie ; il me fit une grimace de mépris ; j'y répondis par un affront ; le lendemain je reçus de lui le billet suivant (1) :

M. Naudet, qui a payé tous les services que je lui ai rendus par des calomnies atroces & des procédés dont la bassesse ne m'a point étonné, peut se présenter demain, chez moi, à huit heures du matin ; je l'attendrai. Ce 4 Août 1790.

Le billet n'étant point signé, j'envoyai demander à M. Chesnier si le billet étoit de lui ; je l'engageois, en ce cas, à se trouver le lendemain au café du théâtre françois. Je ne reçus point de réponse ; mais le même jour, à onze heures du soir, on me remit une lettre sous le contre-seing de M. le maire, à laquelle étoit jointe une feuille de papier blanc ; le garde de la mairie, à qui je la montrai, me dit que c'étoit sans doute une erreur des bureaux, mais qu'il savoit que M. le maire m'attendoit chez lui. Je m'y rendis.

M. le maire me reçut avec la douceur & la bonté qui le caractérisent ; il voulut savoir de moi, si je n'avois point d'affaires : —— aucune, monsieur,

_____

(1) *M. Chesnier m'a distribué, dans sa tragédie de Charles IX, le rôle de Coligny, mais par une suite de cette urbanité, qui lui est si naturelle, il en a fait hommage à M. de la Rive, lors de sa rentrée. M. de la Rive l'a refusé.*

lui répondis-je, après différens détails; il me nomma M. Chesnier, & voulut être instruit de tout ce qui s'étoit passé. Je le lui dis avec sincérité, j'oserai même ajouter avec confiance. Je donnai ma parole d'honneur à ce respectable magistrat, que, de mon côté, les choses n'iroient pas plus loin, que mon commandant de bataillon & M. Fleury seroient témoins de ma conduite & l'en informeroient. Je me retirai; le lendemain matin je trouvai ec billet-ci chez le portier.

» C'est moi qui ai écrit le billet. Mais je ne vais point au café du théâtre françois. M. Naudet peut bien se donner la peine de passer chez moi. Je lui expliquerai, du mieux qu'il me sera possible, la manière dont je crois devoir me venger des hommes qui osent manquer aux égards & à la reconnoissance qu'ils me doivent. Que M. Naudet sache seulement, que prisant la vie le peu qu'elle vaut, je puis sacrifier la mienne, mais que je veux anéantir avec moi ceux qui me rendent ce sacrifice nécessaire. J'attendrai demain M. Naudet. Ce 4 Août à minuit ».

Ce rendez-vous (qu'on me permette l'expression) avoit l'air d'un guet-à-pens. J'étois pourtant résolu d'aller chez M. Chesnier; mais en réfléchissant à ce que j'avois promis à M. le maire, c'est-à-dire, que des témoins lui rendroient compte de ma conduite, je crus ne devoir agir que par eux, dans une occasion qui n'étoit pas indifférente. Je communiquai la lettre à ces messieurs; ils se rendirent chez M. Chesnier, & voici leur conversation avec lui, & telle qu'ils l'ont répétée chez M. le maire.

» Aujourd'hui, à neuf heures du matin, M. Fleury & moi avons été trouver M. Chesnier. Nous dîmes que M. Naudet n'ayant pas imaginé qu'il fût prudent de venir lui-même s'expliquer chez une personne qui le provoquoit, il nous avoit priés de venir savoir de lui-même quelles étoient ses intentions. Alors M. Chesnier s'emporta beaucoup, cria très-fort. Nous lui observâmes que nous avions vu deux personnes dans la pièce qui joignoit celle où nous étions, & qu'il étoit inutile que son voisinage fût scandalisé d'un pareil bruit ».

(*Nota.* Il y avoit sur son bureau un pistolet.) Nous eûmes beaucoup de peine à faire consentir à fermer sa porte. Il nous dit alors qu'il vouloit brûler la cervelle à M. Naudet; mais que comme il savoit apprécier la vie ce qu'elle valoit, il vouloit que du même coup, M. Naudet lui fît sauter la sienne; qu'il avoit imaginé pour cela un moyen infaillible; qu'on attacheroit une ficelle à la détente de chacun des pistolets qui seroient placés sur le front de chacun des combattans, & qu'un témoin tirant cette ficelle, feroit sauter, à l'instant, la cervelle aux deux adversaires. Nous observâmes à M. Chesnier qu'il ne se trouveroit jamais un témoin assez dépourvu de sens pour devenir bourreau, & que ce projet de combat étoit si ridicule, qu'on ne pouvoit l'écouter sans rire ; qu'il y avoit apparence que M. Chesnier ne vouloit pas se battre, que c'étoit le parti le plus prudent, & nous l'exhortâmes à persister dans des sentimens aussi pacifiques ; nous nous retirâmes & fûmes prévenir M. le maire que les jours de ces messieurs étoient en sûreté, & que l'alarme que M. Chesnier avoit répandue la veille au soir, tant chez M. le maire que dans plusieurs autres maisons, n'auroit aucune suite.

Signé LAVILLETTE, commandant de bataillon, & FLEURY.

Je ne me permets aucune réflexion sur ce genre de combat ; absurde, s'il étoit proposé de bonne foi ; pitoyable, si le projet de M. Chesnier étoit de m'intimider. Le lecteur a déjà choisi l'une de ces deux opinions.

Je ne dirai rien de plus sur l'auteur de Charles IX.

Une scène particulière avec le sieur Camille Desmoulins, m'a valu, de sa part, quelques pages empoisonnées dans son journal des révolutions de France & de Brabant.

Voici le motif de la rixe.

Je dînois chez le suisse du Luxembourg. M.

Desmoulins y dînoit aussi. Comme je sortois, je l'entendis qui disoit : *l'insurrection est dans la garnison de Nancy ; cela gagnera les troupes, & la guerre civile est sûre.*

L'oracle de M. Desmoulins m'irrita. Je répondis, en m'adressant à ceux qui m'accompagnoient, eh bien, messieurs ! que ce feuilliste l'écrive, on le croira : voilà donc la guerre civile en France, & je partis.

Est-ce-là provoquer M. Desmoulins ? Je ne m'arrêterai pas plus long-tems sur cette ridicule imputation.

Il ne m'appartient pas de justifier ma société d'une accusation beaucoup plus grave. On la soupçonne d'un désir de contre-révolution ; & sa prétendue désobéissance aux ordres de la municipalité, le démontre, dit-on, avec évidence.

C'est perdre du temps que de réfuter une pareille ineptie ; mais ne peut-on pas dire, sur ce qui concerne la désobéissance aux ordres de la municipalité, que :

C'étoit au sieur Talma de se pourvoir, pour faire anéantir l'arrêté pris contre lui par la comédie ;

Qu'il ne pouvoit se pourvoir que pardevant les tribunaux, attendu que la municipalité ne juge point les procès. Elle a l'administration des spectacles, & prononce, à ce titre, sur les faits de police ; mais ici, la discussion entre cet acteur & sa société prenoit un caractère plus sérieux.

D'ailleurs, M. Talma ne perdoit point son état, puisque la comédie lui payoit ses droits & honoraires; seulement elle répugnoit à communiquer avec un de ses membres, qui s'excluoit lui-même, & la forcer à revenir sur cette résolution, c'est peut-être vouloir sacrifier une société toute entière, non pas à l'intérêt d'un seul, mais à ses caprices, ou plutôt aux intrigues dont il est l'instrument.

La comédie françoise a donné des marques non équivoques de son patriotisme & de son dévouement à la cause publique, dans les jours allarmans de la révolution, & particulièrement par de fréquentes représentations au profit des malheureux, & dont le produit s'élève depuis deux ans à 180,051 livres, sacrifices que sa position lui rendoit difficiles.

Je me résume.

Je n'ai jamais mérité l'improbation du public depuis que je suis à la comédie françoise.

La confiance & l'amitié de mes camarades prouvent que j'ai vécu dans la meilleure intelligence avec eux.

J'ai montré mon attachement à ma patrie, toutes les fois que j'ai pu la servir; & je n'ai pas attendu qu'elle m'eût rendu les droits de citoyen, pour en remplir les devoirs.

(18)

Je crois avoir convaincu mes lecteurs que je ne suis point un spadassin, un assassin, &c.

Je n'ai point accusé M. Talma ; mais je n'ai pu me justifier des torts qu'il me reproche sans rappeler les siens.

Je n'ai personnellement obtenu la haine de M. Chesnier qu'en soutenant ma société, dont il a juré la ruine, pour se venger de sa résistance.

L'estime publique m'est précieuse & chère. Je ne puis croire qu'elle me soit refusée, quand on aura parcouru cet exposé. Je l'ai fait avec la franchise qui convient à la vérité. Je ne sais point écrire ; mais je n'en ai pas besoin pour persuader à mes lecteurs qu'un homme honnête qui n'outrage personne, & qui ne peut se résoudre à l'être, a repoussé l'orgueil & l'injure avec les traits de l'honneur ; & que ses adversaires, n'ayant pas la même arme pour le combattre, ont employé la leur, le mensonge la calomnie.

Signé, NAUDET, comédien du roi.

———

A PARIS, de l'Imprimerie de L. POTIER DE LILLE, rue Favart, N°. 5. 1790.

www.ingramcontent.com/pod-product-compliance
Lightning Source LLC
Chambersburg PA
CBHW071415060426
42450CB00009BA/1895